福

图书在版编目（CIP）数据

大集里的中国年 / 酒亚光著 . -- 郑州 : 河南科学技术出版社 , 2025. 1. --ISBN 978-7-5725-1913-0

Ⅰ . K892.1

中国国家版本馆 CIP 数据核字第 2024LX5737 号

出版发行：河南科学技术出版社

地址：郑州市郑东新区祥盛街 27 号　　邮编：450016

电话：（0371）65737028　　65788642

网址：www.hnstp.cn

出 版 人：乔　辉

策划编辑：于凯燕

责任编辑：于凯燕

数字编辑：王承昊　赵国栋

美术设计：李　战　张丽娜　焦一凡

责任校对：耿宝文

封面设计：张德琛

责任印制：徐海东

印　　刷：郑州新海岸电脑彩色制印有限公司

经　　销：全国新华书店

开　　本：787 mm × 1 092 mm　1/8　印张：5　字数：50 千字

版　　次：2025 年 1 月第 1 版　2025 年 1 月第 1 次印刷

定　　价：88.00 元

大集里的中国年

酒亚光　著

河南科学技术出版社
·郑州·

每个中国人都有一种情怀叫赶年集。每当新春将至，熟悉的烟火气息扑鼻而来，儿时的回忆也涌入思绪。赶大集时，除了可以买一些喜欢的玩物外，更喜欢那人头攒动、熙熙攘攘的热闹场面。

关中四大集之一——陕西省西安市蓝田县焦岱镇的焦岱大集，自古就是南山通往商洛、安康的“兴安古道”的重要节点。今天，我们一起来赶赶有着数百年历史的焦岱大集。

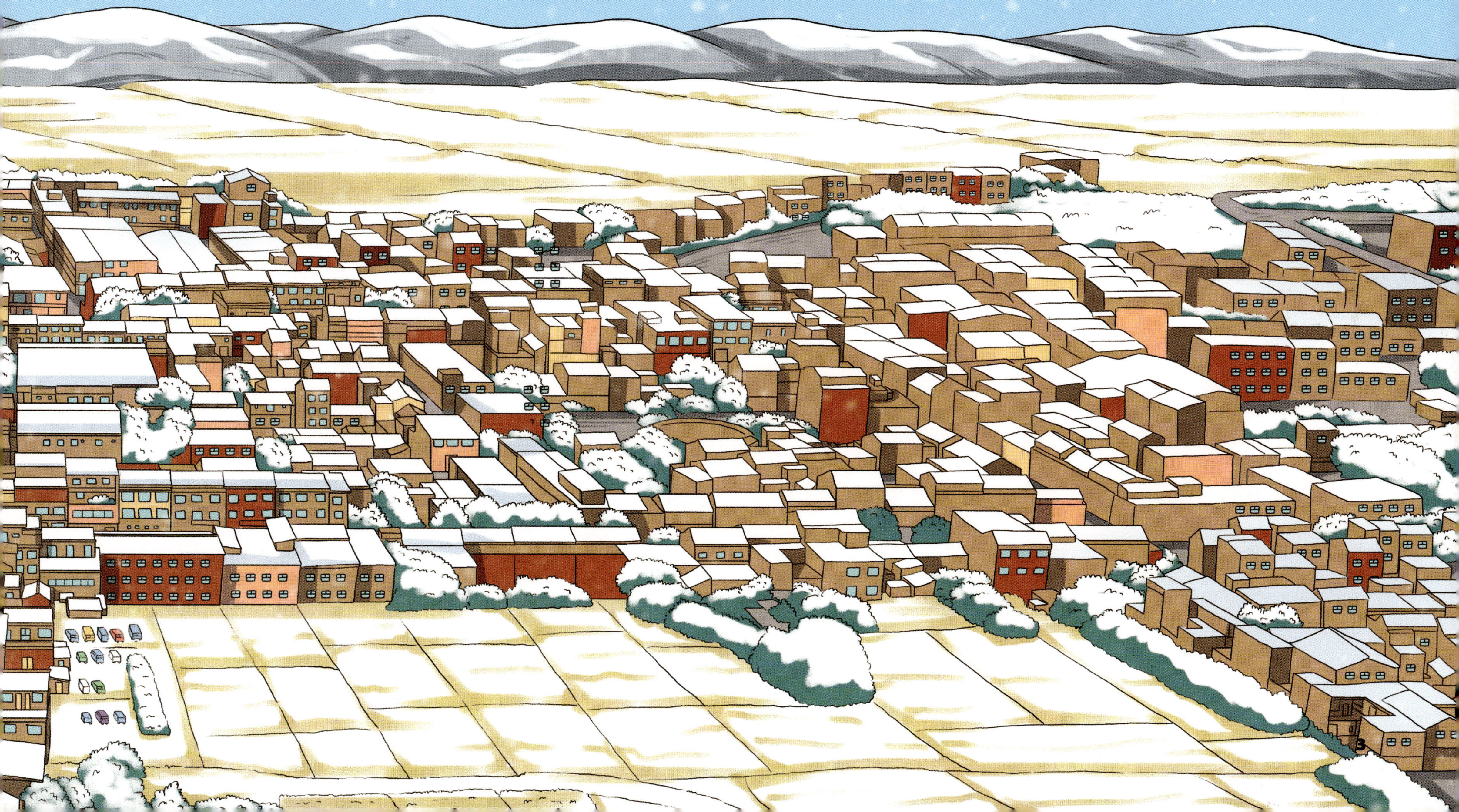

“卖衣服咯，过新年，穿新衣，各式各样，应有尽有！”在焦岱大集上，人们提着大包小包疯狂购年货，叫卖声、议价声此起彼伏。菜花、洋芋、萝卜、莲花白、苹果等瓜果蔬菜应有尽有。只有你想不到的，没有你买不到的，看得人眼花缭乱，难以移步。

在一处不起眼的摊位上，摆放着一排造型独特的拐杖，杖头有的像猴，有的像鹰，有的像马，仿佛置身动物王国。

这些拐杖的创作者，是被称作焦岱大集“毕加索”的李大爷，他自学木雕手艺，练就了一双能将木棍化腐朽为艺术品的巧手。在别人眼里再普通不过的树杈，经过他的创新，就能变成各种抽象的龙、凤、马等动物，颇具神韵。

当然，对于很多人来说，除了置办年货，最开心的就是一饱口福啦！热气腾腾的大馒头，刚出锅的焦香酥脆的葱油饼，老式甑锅蒸煮的红豆米饭，纯手工现压饸饹……但见个个摊位前生意红火，食客围得水泄不通，看的人是垂涎欲滴、胃口大开。

“三六九，焦岱走，半斤牛肉，二两酒。”在众多美食中，烂牛肉堪称焦岱大集最有名的美食。在嘈杂的大集里，只见大爷穿着白褂，精细的刀工把牛肉、牛头、牛杂碎切开，拌上当地人口味的醋汁，做法简单，吃起来更是口齿留香。人们不仅是为了享受这些欢乐，更是向往着富足安康的新年。

在山东，大集的火热始终绕不开费县。费县大集位于临沂费县东南峪村。年关将近，大伙都为了过个好年而忙碌着。那场面热闹非凡，虎头鞋、大花袄、刺绣、编织物等手工艺品琳琅满目，煎饼、糖果、烧鸡等小吃应有尽有。小摊上的东西虽然没有那么华丽时髦，但价格便宜，质量也好。这些商品不仅满足了当地居民的需求，还吸引了来自外地的游客。

和钢筋水泥的城市相比，费县大集有着浓郁的市井生活气息，这里是商品聚集地，也是菜市场、服饰店和露天餐厅。这里有橘子装满车斗的摊位；有精心搭建的贩卖蔬菜的小摊；还有的摊主随意把布铺在地上，放满自家商品。

费县大集不仅是农贸市场，也是一个盛产网红人物的大集。三元一碗管饱的“拉面哥”、“捣鱼刺”之神网红小胖、早餐界一姐“羊汤姐”……都是当地小有名气的“农村网红”。

对很多人来说，赶集就是赶个热闹。路边支起的大锅，咕嘟嘟冒着热气，凛冽的冷空气里，氤氲着令人垂涎的美食香。充满烟火气的乡村炒菜，在烧得正旺的灶火上翻飞，油锅里滋滋作响的声音和丝丝缕缕的香气，撩拨着我们的味蕾。生意人用自己勤劳的双手和一个个小小的摊位，展示着自己的魅力和地方特色。

京郊乡村的冬天，银装素裹，仿佛一幅淡雅的水墨画。当人们追寻新年的脚步，永宁大集似乎是他们的不二之选，这里略显嘈杂的环境里，充满了人间烟火气和浓浓的年味儿！

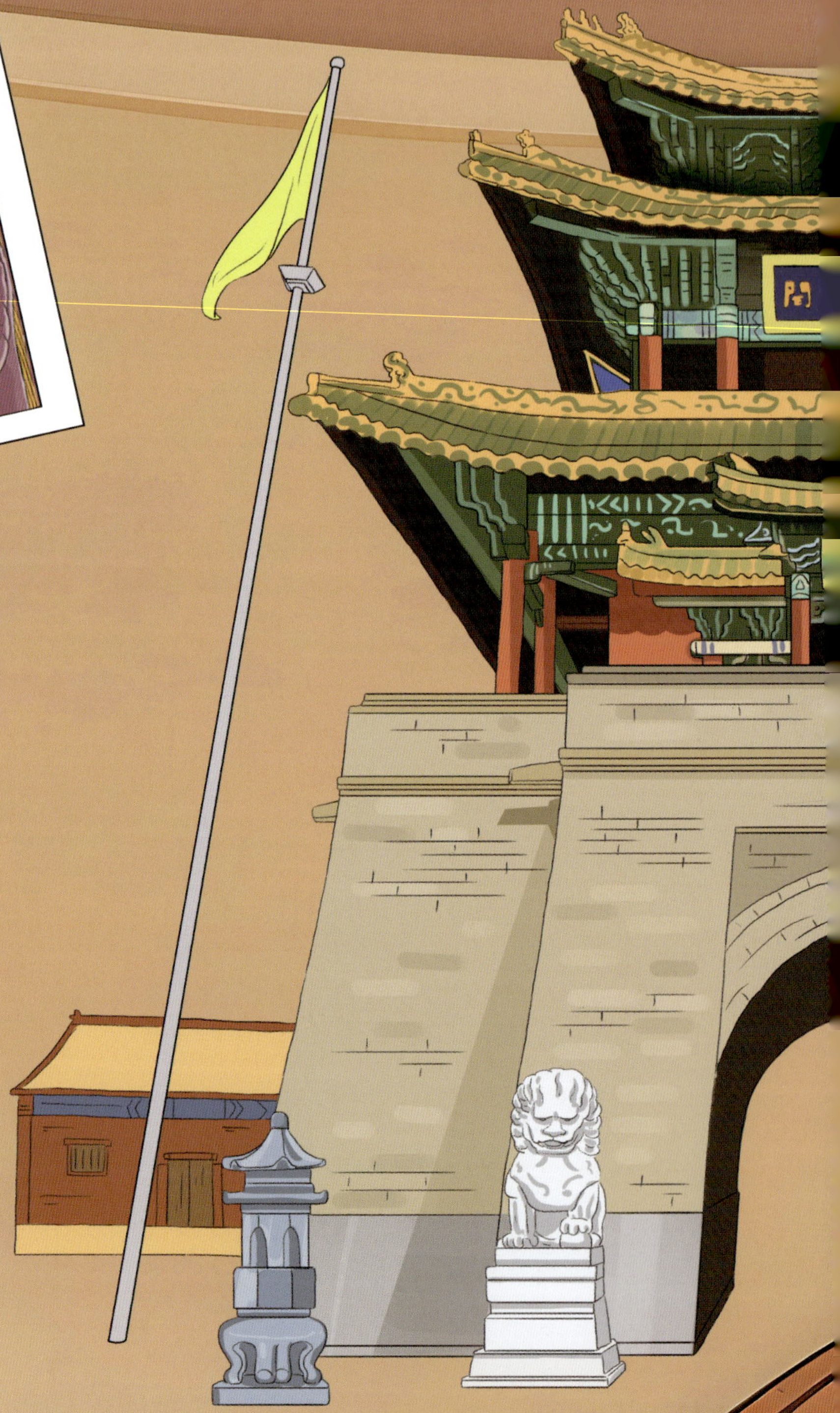

永宁大集虽然规模不大，但历史悠久，古色古香。作为一个无所不包的“小世界”，集市上处处显着年味儿，红灯笼、对联、鞭炮……应有尽有！

穿插在各类摊位之间的糖葫芦、驴打滚儿等老北京小吃等你来尝鲜。“拨浪鼓儿风车转，琉璃咯嘣吹糖人。”吹糖人儿的爷爷变戏法儿一样地吹出一只“大公鸡”！

永宁大集有两个“宝”，一个是当地的鲜豆腐。这里的豆腐在北京城都有名，炒着不散，筋道、口感好。到了腊月二十五，买一块永宁豆腐，炒一道家常豆腐或者豆腐酿肉，甭提有多美了！

另一个“宝”，就是火勺。据说延庆火勺从明代就有了。和传统的肉夹馍不同，延庆火勺是用火炉烘烤而成的，火勺刚出炉，就能闻到浓浓的小麦香。站在摊位旁，手捧一个刚出锅的火勺大快朵颐，别提多过瘾了！

“热乎乎的黏玉米！口感嘎嘎好!不甜不要钱!”到咱大东北，想要感受到东北民俗文化的年味儿，必须赶场大集！拥有近百年历史的造化大集，是一个不错的选择。它位于沈阳市于洪区，占地面积5万多平方米。集市上，小贩的招呼声、吆喝声、顾客的讨价还价声交织在一起，形成了独特的旋律。

东北美食你能叫得上几样？造化大集样样都有，东北韭菜合子、炸大果子、大骨头酸菜砂锅、杀猪菜……当然还少不了东北大酱！一口蘸酱菜，瞬间就能让东北人找到家的味道，打开心中最深处的味蕾记忆和情感之门。

除了特色美食，过年时的造化大集还有着平日里难得一见的热闹与红火：跳跃的舞狮、喜庆的高跷、热闹的秧歌、欢天喜地的二人转……一家老少随意地逛着、聊着，享受着平凡又惬意的年味儿。

集
大 酱
小娜杀猪菜
土特产
手机
大卖场
农副产品

来到郑州洧川大集的那一刻，扑面而来的烟火气息，瞬间让人热血沸腾起来！这阵势一点也不逊色于东北大集的那种豪迈劲儿。但凡来到这里的人，绝不会空手而归。

除了卖商品的摊位，老式的手艺有着质朴的魅力。磨剪子、抢菜刀、理发、刮脸、手工擀面杖……这些承载了记忆的摊位仿佛凝固了时光，这就是洧川大集的亲切感。

MOUSE
YUAN

“洧川牛肉是大集非遗美食。”站在小摊前的大叔自豪地说，他们家的牛肉，是这个大集上最有分量的美食。劈柴烧、铁锅炖，主打一个实实在在。有句歇后语叫“麻绳穿豆腐——提不起来！”可洧川大集的豆腐不仅能用麻绳穿提，还能用秤钩挂起来，这也是洧川大集的另一个非遗美食——洧川豆腐。旁边一位大姐告诉我们：“这豆腐只要吃一次就知道什么是传统老味道！”另外还有炒凉粉、水煎包、羊肉汤、老烩面……摊位一个挨一个，热气腾腾，让人食欲大开。

打气球、套圈、逛两元店，老远处就能听见孩子们的欢声笑语。和爸爸妈妈一起去赶集的小朋友，趁着过年撒开了玩儿。

糖果区也是孩子们最喜欢的区域，月牙状的糖咬上一口，爆开的糖浆瞬间在嘴里散开；酥脆的江米条、锡箔纸包裹着的巧克力、五颜六色撒满糖霜的糖果，赶大集的每个人脸上都洋溢着幸福的笑容。

海南万宁，在距离海边不远的椰林和棕榈树掩映之中，有一处田园式、生态型的大集，这就是兴隆大集。

当北方已经是银装素裹的时候，这里的冬天依旧是鲜花盛开，色彩缤纷。大集上聚集了十里八乡前来摆摊做买卖的人，大集里的商品大多数是摊主自产自销，而且品种齐全。人们趁着过年来采购一些生活用品，非常划算哟！

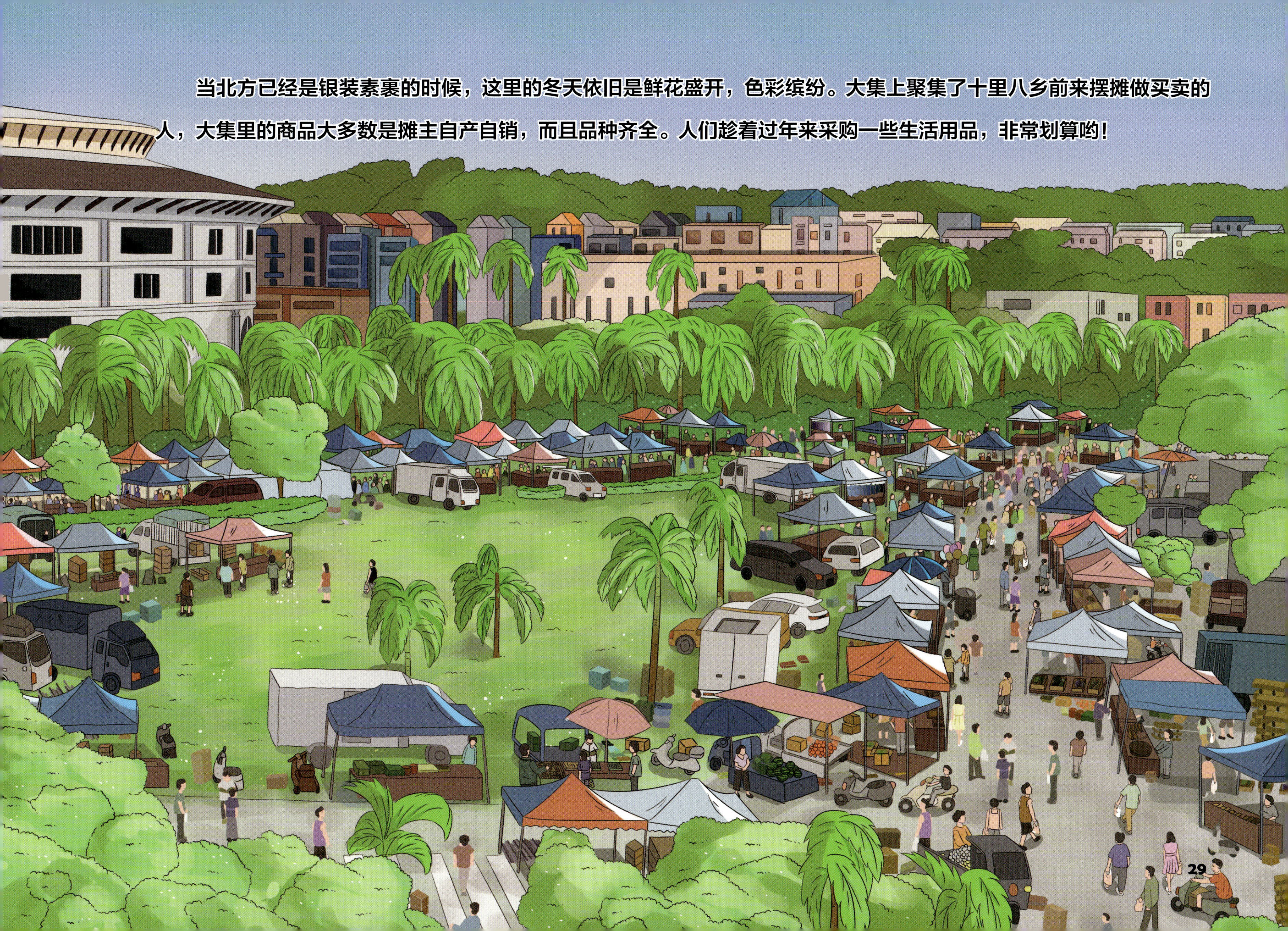

斑斓椰糯

来到兴隆大集，便实现了水果自由！椰子、芭蕉、芒果、莲雾、燕窝果、释迦果等，看得人眼花缭乱；海南腌粉、椰卷、千层糕、斑斓椰糯等特色美食云集。买家左挑右选、聊天说笑，摊主热情张罗、高声吆喝。清凉补的摊位旁，散发着清甜的椰子香气，每一杯都有它独特的口感。市集角落，老远处便能闻到一股特别的“盐香”和“柴火香”，刚刚出炉的盐焗鸡色泽金黄，鸡皮油亮饱满，甚是美味。大街小巷人气非凡，热热闹闹，人们的笑脸，点燃了春节的年味儿。

赶集简史

冯　杰（诗人、文人画家、儿童文学作家）

赶集的前世今生

“赶集”是中国乡镇定期聚集进行商品交易的一种形式。在乡村，赶集成为老百姓生活中不可少的一项活动。

在西南方云贵川等地，赶集分别叫“赶场”“赶山”“赶圩”“趁墟”“赶街”“赶闹子”；东北人嫌事小，号称“赶大集”；河南人直接就叫“赶集”。

赶集和人们生计生活有关，在集市上囤物换物，买卖交易。明《五杂组》里有“岭南之市谓之虚……山东人谓之集。每集则百货俱陈，四远竞凑，大至骡、马、牛、羊、婢奴、妻子，小至斗粟、尺布，必于其日聚焉，谓之‘赶集’”。历史上的赶集除了买卖“骡马”，还可以“贩卖人口”。

在我村，大人们赶集只购买柴、米、油、盐、酱、醋等生活日常用品。村里有定亲的，赶集才去扯新布买新衣。

可见古今赶集内容不同。古代的集市，赶得还有点“心惊肉跳”。

集上的故事

小时候赶集图个热闹，最喜欢集市牲口处，那里人欢马叫，有昂首挺立的高头大马，温顺听话的小羊，哼哼唧唧的小猪、小鸡。还和同学打过赌，去摸毛驴的鼻子，毛驴嘴上冒着热气，猛地会打出一个响亮的喷嚏。

围着磨刀人看蘸水磨菜刀、剪刀，你看久了他会挥刀吓唬一下人。围着炸油条的、打烧饼的、卖枣糕的……吆喝声让集市充满百味生机。这些都是忙人，只有鸟市场上的遛鸟者称得上“闲人”，在吹罢鸟后又开始吹天吹地，我再去听他们“喷空”。

二大爷认为赶集是“消散行为”，他写过对子“有空多拾粪，无事少赶集”，我觉得这是对有志于耕读传家者说的，对我们这些逃学的孩子毫无警示作用，我喜欢赶集时那种拥挤里的自由，可以胡窜乱跑，人群里捉迷藏。集会也比教室辽阔，乡村孩子从集市上能看到大千世界，尽管视野有限，但对于乡村孩子而言，只能这样了。

我画画时至今使用一枚闲章，内文是“二大爷赶集”，我们村有句歇后语：“二大爷赶集——随便逛荡。”

小集市里有乡村的小热闹，无数集市又组成乡土中国的大热闹。

赶集的时间

二十四节气里都可以赶集。

中原赶集都有一定时间周期。如逢单日、双日、逢五、逢十，我们村赶集在每月农历的初三、十三、二十三、二十八。赶集人都有一份时间表，便于逢集不落。中原乡村是“三里一集，五里一会”，几乎遍地都是赶集人。而那些赶熟的人是不用看“赶集导游图”的，“成集在胸”。

我看《老残游记》写过：“每月三八大集，几十里的人都去赶集。”新乡籍作家刘知侠在《铁道游击队》里写：“齐村是枣庄西边八里路的一个大镇子，今天逢大集，四乡的庄稼人都到这里赶集。”像说我村的赶集。

中原有句俗话：“赶集上会做买卖。”赶集者是为了生活。集会内容不同，收麦前以杈、耙、扫帚等农具交易为主，秋后以牛、马、驴、骡等大牲畜交易为主，冬季则是年货，我和姥爷还卖过门对、年画。

在中原乡村，集和会是并列连在一起，会比集大，两日一集，五日一会，集长者不过一天，短则半个时辰。会长则两三天，乃至七八天、半个月。赶集时间较短，河南有些地方每间隔两天逢一次集，到集上进行交易的时机很紧，所以前面加了个“赶”字。

老家滑县庙会有四天。更大的浚县庙会一个月，从正月初一到二月初二，熙熙不散，有“华北第一大庙会”之称，近似“国际物资交流大会”。有一年，一位外国学者赶集后评价：“浚县庙会是中国的狂欢节!”

我们这些闲蛋孩子，赶集全图个看热闹，为了狂欢。

我是曾赶过大集的人

村里把见过大世面的人称作“赶过大集的人”。

我小时候赶的多是小集，叫“露水集”，意思是太阳升起时，像露水一晒就干了。可见小集的短暂。

我后来赶过“隆重大集”，是北中原浚县庙会。说书者言，浚县庙会有1 600年历史，与山东泰山庙会、陕西白云山庙会、北京妙峰山庙会合称“华北四大庙会”。浚县

紧邻我县，每年庙会来临，我姥爷被选为会首，要赶着马车，带领村民去浚县赶会。

浚县庙会吸引着晋冀鲁鄂皖周边省市百万香客游人。会期长，规模大，每天从各地来的赶会者达几万人，会上还有舞狮、舞龙、高跷、秧歌、旱船、竹马、龙灯、抬歌、背歌、抬老四、顶灯、大头舞、散河灯、放火铳、耍杂技、唱戏曲等民间娱乐。

会上有我儿时熟悉的红缨枪、大刀、金箍棒、泥咕咕。大人们赶会回来，车马铃铛一响，给孩子们带来的都是这些玩意儿。

我最后一次赶浚县庙会，孩子们已经被灰太狼、奥特曼、电动车迷住了。赶集也在与时俱进。从社火到泥咕咕到奥特曼，庙会成了历史演进的活化石和进度表了。

走，赶集去！

到了赶集这一天，十里八村的村民将自己种的水果蔬菜、养的鸡鸭、做的农具，带到集会出售，最热闹且有艺术气氛的是鸟市、骡马牲口市。没事去遛鸟也成为农村大爷赶集休闲方式之一。

这期间穿插具有地方气息的民间艺术表演。而“赶集”却是名副其实的买卖交易。

我有“赶集情结”，后来，每到各地农村我就喜欢赶集，那里的人间世俗烟火，是我感受世界的方式之一。我在新疆赶过巴扎，买过馕饼、莫合烟、小花帽。在江南赶过圩，买过葛根、鱼腥草、竹器、新茶。

人生何尝不是在赶一场集。聚聚散散，陆陆续续，来来去去。

新集的诞生

赶集如此美妙。

有的村为了热闹，立志“要赶自己的集”。想在本村也成立新集。专业术语里这叫“起会”。

“起会”得先选个良辰吉日，还要和邻村赶集时间不能冲突。由全村人筹资，请来县里的舞台名角，在村里连唱三天大戏、六天大戏不等，根据资金实力而定。唱戏期间要家家待客。

几场大戏唱下来，集也算是固定下来了，往后每年同一天，大家可来光顾赶集了。钢铁是那样炼成的，乡村集会就是这样成立的。

也并不是每个村“唱戏都有戏”的，十拿九稳会成集。有的村即使唱了《过五关斩六将》，最后也不一定能成集。成集也需要天时、地利、人和。

外国人赶集吗？

有人问过我外国人赶集吗？我说外国人也赶。

只是伦敦、纽约、巴黎这些城市现代繁华，够热闹了，不需要再另外成集了。

在经济发展落后的阿拉伯半岛农牧区，还有定期定点举行的集市，中亚也有和新疆类似的“巴扎”。外国集市多出现在宗教节庆、纪念集会和某种圣地上，附带着民间娱乐活动。欧洲中世纪，有的集市还在教堂院内举行。赶集的主要项目还是商品交易，比如乳酪集市。

我最喜欢听的那首外国民歌《斯卡布罗集市》，就和赶集有关。

英国一个小镇上的斯卡布罗集市，是为交换物品形成的一个定期集市，几百年来，每年秋天人们赶集一个半月，因为赶集才诞生这首名歌。我记得歌词有“你正要去斯卡布罗集市吗？欧芹、百里香、迷迭香，代我问好那里的一位姑娘”。

和中原乡村一样，斯卡布罗集市上也有卖菜的老太太。不同的是，我们卖的是大白菜、胡萝卜，他们卖的是迷迭香、百里香。

纸上赶集

我们从乡下回到城里，再不能去返乡赶集。对于很多长大后到城市生活的旧人来说，乡村赶集已成深深的回忆。

现在，城市孩子进入各大超市，里面物品样样俱全。人们不再赶集，况且城市里也没集可赶。年轻人多是“宅”在家里，手机上一点，外卖进来比昔日乡村赶集来得要快。

现在，农村生活设施越来越完善，商场超市一应俱全，乡村集会尽管没以往重要，但在很多地方还保留着赶集的传统风俗。

对于现在的孩子们而言，赶集已是一个陌生领域。

这本书就是引领着孩子们去乡村“赶集”的。

尽管不能闹哄哄地去赶集，却能让你在纸上赶集。打开书，去赶集，里面自有一个精彩的乡村世界。